# 女子校あるある

girls' school aruaru



女子校あるある研究会［編］
ろくでなし子［漫画］

彩図社

# HR　女子校の世界へようこそ

「もしかして女子校？」

この質問を受けたことがある女子校の生徒さん、卒業生の方は、少なくないのではないでしょうか。

または、「この人、女子校かも」と思って尋ねたら、やはりその通りだったという経験は？

学校の話など全くしていないのに、なぜバレてしまうのか。それはもしかしたら、「女子校」に特有の空気があるからかもしれません。

女に囲まれて、女を意識して、女に認められることだけを目標に過ごす青春時代。そう言ってしまうとなんだかとても味気ないもののように感じられるかもしれませんが、とんでもありません。女子だけで過ごす思春期は、強烈で、濃厚で、時には火傷しそうなくらい熱くて苦しく、それでいてぬるま湯のように心地良いものなのです。

女声だけで歌い上げる校歌の美しさ、120％本性をさらけ出し異常な団結力で優勝を目指す体育

祭、異性の目という制御装置がないために、どっぷりハマり込んでしまうジャニーズ・アニメ・宝塚・ビジュアルバンド、シモネタを連発したり、アホなことばかりしては手を叩いて爆笑しあう仲間たち、先生にクラスぐるみで仕掛けるいたずら、憧れの先輩に話しかけてもらえただけで幸せな気分になれる部活、曖昧になる恋と憧れの境界線……。

清楚で可憐なお嬢様、オンナ特有の執拗なイジメが蔓延している、そんな世間のイメージと現実の女子校は、ちょっと異なる空間です。

そして卒業してからぶつかる、異性の前で可愛い子ぶれない自分との葛藤や、共学女子のように自然に女性フェロモンを発したり、男性に頼ったりすることができないという難題。一度でも女子校に足を踏み入れてしまうと、もう二度と普通の女の子には戻れないのかもしれません。

本書は、そんな女子校という名の秘密の花園の内情を、女子校でよくある話「あるある」を通してまとめたものです。

現役で女子校に通っている方や女子校出身の方はもちろん、女子校の秘密を覗いてみたいと思っている方にも読んでいただければ幸いです。ただし、夢が粉々に打ち砕かれても責任はとれませんが。

手を叩いて笑いながら読んでいただければ、これほど嬉しいことはありません。

# 女子校あるある　時間割

# 1時間目　女子校の学園生活

001

入学式あるある

## 入学式で女子しか教室にいないことに驚く。

辛く長かった受験生活が終わり、やっと手にする憧れの学園生活！　気が合う子はいるのか、友達はできるのか、ドキドキしながら開いた教室の扉の先には女子、女子、女子、女子、女子……、女子まみれ。この時初めて異世界への扉を開いてしまったことに気がつくのです。

002

挨拶あるある

# 挨拶は「ごきげんよう」

授業も「ごきげんよう」から始まり、「ごきげんよう」で終わります。ちなみに行事の礼、座った時の礼など状況に合わせた挨拶を学ぶ学校もあります。「ごきげんよう」とは言わない学校もありますが、女子校に入ったからには一度は口にしてみたいフレーズNo．1です。

003

通学あるある

# 公道を広がって歩き、近所の人から学校に通報される。

通報される内容は他にもあり、「おたくの生徒がコンビニに立ち寄っていた」「電車の中で化粧をしていた」「バスの中で集団で歌を歌っている」と様々。音楽の授業の復習をするのは悪いことではありませんが、公共の場で大声で歌うのは迷惑なので止めましょう。

004

通学あるある

# 毎朝、創立者の像に一礼。

校内には学園を象徴する人物の像が立っており、その前を通る時は必ず一礼をしなければなりません。ちなみに像は創立者の像とは限らず、慈母観音像、マリア像、女神像など、学園の教育方針によってバリエーションは多岐にわたります。

005
朝礼あるある

# 公道を広がって歩いていた事を校内放送で注意される。

「先日、本校の生徒が道を広がって歩いていたと近所の方からお手紙をいただきました。非常に残念なことです。常に本校の生徒として恥ずかしくない行動を心がけてください云々」心当たりが山ほどあるだけに、名指しで注意されなくとも叱られている気分に……。

ルドビコ
様は12歳
耳をそがれ
縛られて
歩む
チキロ
雪の道ちさき
足跡血がにじ
む〜〜

006

ミッション系女子校の朝礼あるある

## 聖歌を歌う。

ミッション系の学校では、朝礼やミサ、宗教の時間などに聖歌を歌い、聖書を読みます。朝歌う聖歌はその月に関係のある曲が選ばれ校内放送で流されるのですが、中にはとても衝撃的な歌詞のものもあり、そのあまりのエグさが、不謹慎ながらみんなの動揺と笑いを誘います。

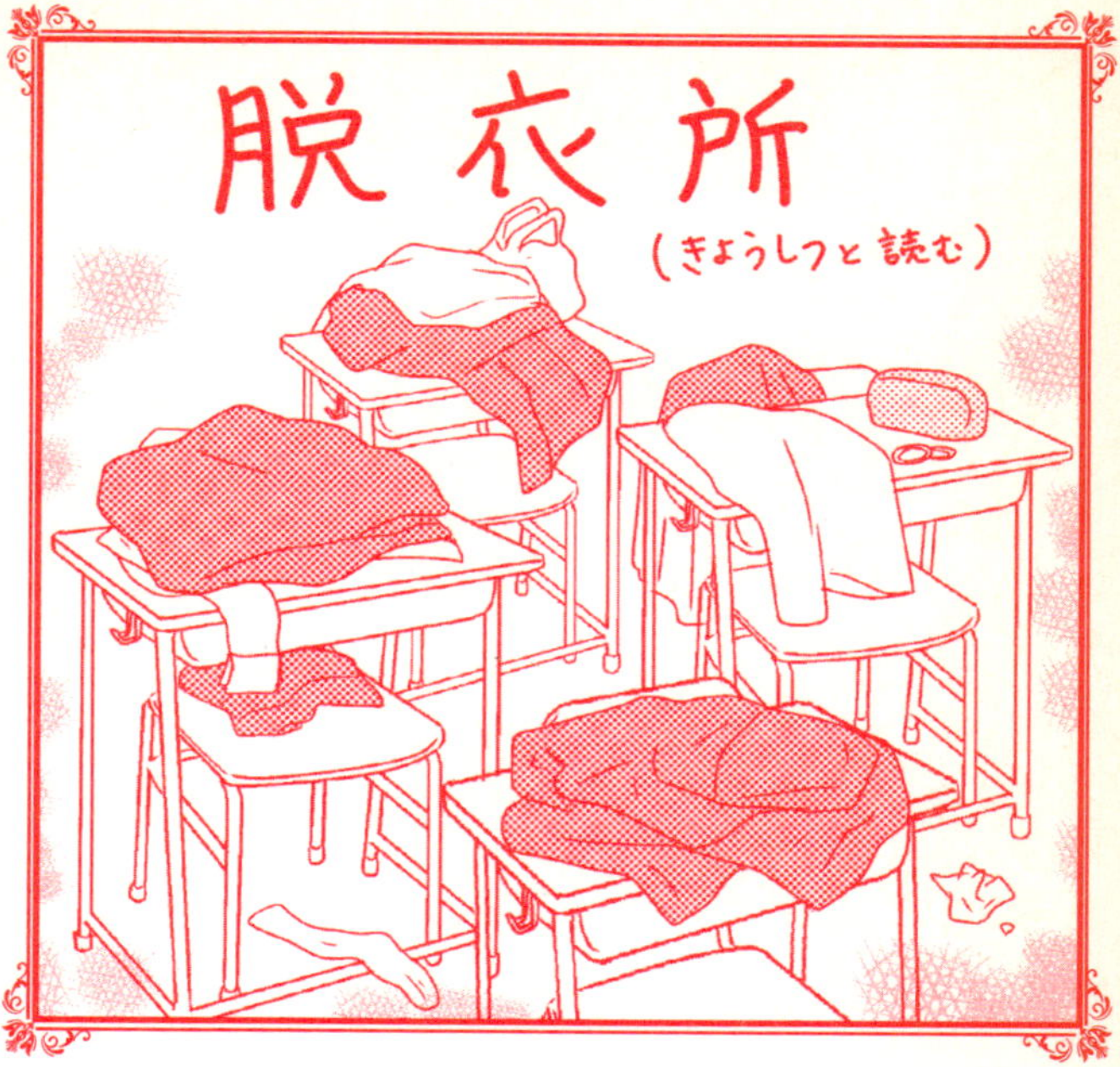


007

設備あるある

# 更衣室は存在しない。

男子の目を気にする必要がないので、着替えは教室で堂々と行います。先生がうるさいのでカーテンくらいは閉めるのですが、時々閉め忘れて大公開してしまうことも。でも、「ま、いっか」ですませてしまう環境が、女子校生の大らかな気質を育てます。

008

授業あるある

## 体育の授業後はゆっくり着替え、次の授業の開始を遅らせる。

「先生まだ入っちゃダメ〜」と言いながら、実はすでに着替え終わっていることも。残念ながら女性、特に中年の先生の場合は、手をパンパン叩きながらズカズカと入ってきて、「さっさと着替えなさい！　もう授業時間は過ぎてるのよ!!」となるので、この技は通じません。

009

設備あるある

# トイレがやたらと多い。

各階の要所要所にトイレがあり、しかもほぼ全てが女子トイレです。男性用のトイレは職員室近辺にしか存在しません。掃除を自分たちで行う学校では、トイレ掃除も他の掃除と同様に数週間に一度回ってきますが、水が冷たく、数も多くて大変なので生徒には不評です。

010

全校集会あるある

# トイレでタバコが発見され全校集会に。

全校集会といっても、空調のきいた講堂の映画館のような椅子に座って話を聞くだけなので、貧血がちなか弱い女子がバタバタと倒れて……なんてことはありません。しかし、この講堂が曲者。快適さに校長先生の抑揚のない話が相まって、猛烈な睡魔に襲われるのです。

011

部活あるある

# 「女子」特有の部活がある。

箏曲部（琴）、バトン部（バトントワリング）、ハンドベル部、日本舞踊部、華道部、茶道部、宝塚部など、女子校ならではの華やかな部活で、日々女子力を磨くことができます。恋愛に向けるはずのエネルギーを全て部活に集中させることができるため、なかなかの腕前に。

012

珍客来校あるある

# 常連の変質者がいる。

全身白い服装の人、赤いハイヒールの男、車で近づいてくる下半身丸出し男など、生徒たちの中で「また来たのね」といわれるようなヘンタイ常連さんがいます。校門に警備員を配置しようと、学校の周りに鉄条網を巡らせようと、彼らはどこからともなくまた現れるのです。

013

珍客来校あるある

# 変質者が現れると校内放送で注意喚起。

「校庭に衣類をまとっていない不審な男性がいたとの報告がありました。みなさん教室から出ないようにしてください」。平穏は校内放送によって突如破られます。特に春先はピーク。しかし変質者は年に何度もご来校なさるので、すぐに免疫がつき動揺もしなくなります。

珍客来校あるある
014

# 体育の先生が変質者を捕まえに行く。

体育教師など、屈強な男性の先生が変質者を追い払うべく、サスマタなどの武器を片手に追いかけます。それが授業中の出来事ならば、追いかけている先生の緊張感をよそに、「授業が潰れてラッキー」とみんなで窓から大捕り物を見学します。

015

体育祭あるある

# 体育祭はガチで燃える。

棒倒しに騎馬戦、リレーに学校オリジナル謎競技まで、男子顔負けの気迫で闘います。時には流血沙汰になることも。それでも目指すは優勝のみ！「みんなやる気ないの?!」「Aちゃんは今日も遅刻!?」とクラス断絶の危機に瀕した朝練を乗り越え、心が一つになる瞬間です。

016

体育祭あるある

## 燃えるがイマイチ迫力にかける……らしい。

相手チームが親の敵《かたき》に見えるほどの闘士をみなぎらせているにもかかわらず、観戦にきた保護者（特に兄弟が男子校に行っている場合）に「女子ばかりだとあんまり迫力がないわね」と言われてしまうのが女子校の悲しいところ。こちらは死に物狂いでやっているのですが……。

017

体育祭あるある

# メインはダンス。

女子校の体育祭の場合、メインはなんと言っても3年生のダンスではないでしょうか。衣装や小道具を作ったり、振り付けを覚えたりと大変ですが、1、2年生の時から憧れていたダンスをみんなで踊りきった瞬間は、何とも言えない達成感！

018

体育祭あるある

## 勝っても負けても最後は号泣。

勝ったら嬉し泣き、負けたら悔し泣き。どのチームも女であることを忘れ120％の力を尽くして体育祭に挑んでいるので感慨はひとしお。ひとりの熱い子がこらえきれずに「うっ」と泣き声をもらすと、あっという間に伝播《でんぱ》し、チーム全体が涙に包まれるのです。

019

夏休みあるある

# 海も山もディズニーも女子と行く。

夏だ、海だ、スイカ割りだ！　とみなさんはしゃいでいらっしゃいますが、当然女子校生もはしゃぎます、女子だけで。でもいいんです、楽しいから。なかには海外や避暑地に別荘を持っている子もいて、あれ、あなた庶民じゃなかったのねと認識を改めることも。

夜になるとマリア様がマッハ5で走ったりラップしてるんだってー!!
神マジ大事YO YO
こわ～い
な訳ねーだろ

020

ミッション系女子校の怪談あるある

# 「夜中になるとマリア像が歩く」という怪談が流行る。

世間では夜中に歩きまわるといえば薪を背負った二宮金次郎像ですが、カトリックの女子校では校内にマリア像やキリスト像が乱立しており、それらが夜になると歩きまわっているという怪談がまことしやかに囁かれます。「マリア様が涙を流す」という話も一般的。

021

修学旅行あるある

# 修学旅行先で他校にけなされる。

修学旅行といえば、京都、奈良、沖縄、北海道、広島に長崎（ミッション系限定？）と相場が決まっています。そのため、高確率で他校とすれ違うことに。なかには「なに、あの制服（笑）」と心ない発言をする生徒もいて、言われたほうも血気盛んな場合恐ろしい事態に……。

022

修学旅行あるある

# 修学旅行の夜は妄想恋バナ大会。

「A君に告白しちゃおうかな」「B子はC君とは最近どうなの!?」なんて共学女子は盛り上がるのかもしれませんが、女子校では、「ワンピのサンジ（漫画）と結婚する！」「私は嵐のニノ（ジャニーズ）！」と妄想炸裂。もちろん怪談と全力枕投げ大会も欠かせません。

023

文化祭あるある

## 文化祭はチケット制。

文化祭は家族や友人用に事前に入場券が配られます。入場券を持たない人は校内に入ることさえ許されません。それはつまり、折角の文化祭なのに男子が来ないということ。「文化祭に来た男子に一目惚れされてお付き合い……♥」なんて、夢のまた夢なのです。

024

文化祭あるある

## お化け屋敷は禁止。もしくは消灯禁止。

入場券制の目的は変質者が侵入してこないようにするため。少しでも生徒を危険から守りたい、そんな先生方の気持ちは分かります。でも、「お化け屋敷禁止！　どうしてもやりたいなら電気はつけっぱなしにしなさい」って、それはもうお化け装飾の展示会……。

025

文化祭あるある

# 男子校の文化祭に男子を漁りに行く。

男子が来ないのならこちらから行くしかない！　近隣校や友人のつてを辿って他校の文化祭に乗り込みます。しかし、普段男子と接触する機会が皆無のため折角行っても話しかけることすらできず、結局女子だけで放浪し、普通に文化祭を楽しんで帰宅の途につくのです。

026

試験あるある

## テストの最終日は先生が駅で張っている。

「テスト終わったー!!　遊びに行くぞー！」普段からコツコツと勉強している子も、一夜漬けの子も、約1週間にわたるテストをとりあえず終わらせた開放感に包まれます。部活も休みだし、久々に街にくり出すか、と意気揚々と駅に向かうとそこには先生が……。

清〜し〜〜
ン
こ〜の夜〜〜
星〜は光〜り
救い〜の御子は
馬槽(まぶね)
の中〜に
眠〜り〜
給うい〜と
安〜く〜
清〜しこ〜
よ〜る〜
大売出し

027

ミッションン系女子校あるある

## クリスマス・ソングを聞くと自動的に脳内で歌詞が再生される。

一種のお祭りのように捉えがちなクリスマスですが、本来はキリストの誕生祭ですので、この時期はよく街で聖歌が流れています。ミッション系の学校では朝や音楽の時間に聖歌を歌うため、クリスマス・ソングを聞くと脳裏にこびりついた歌詞が自動再生されてしまうのです。

# 2時間目　女子校の人間関係

028

同級生あるある

# 美人はモテる。

女子校では、残念な見た目でも容姿のせいで迫害されることはありませんが、可愛い子や美人はモテます。「Aちゃんってホント可愛いよね！」「私は2組のBさん派かな」「私はCさん派！　超可愛い」など、各々〝推しメン〟ならぬ〝推しクラスメイト〟がいるのです。

029
同級生あるある

# スポーツができる子は男性アイドル扱い。

一番モテる存在。それはショートカットの体育会系女子です。そのモテぶりは半端なく、ファンクラブができたり、みんなの彼氏のように扱われたりと、そこらの男子では足元にも及びません。でも、そんな彼女は実は人一倍女性らしく、お菓子作りの名人だったりするのです。

030

同級生あるある

# クラスのリーダーはみんなのお母さん。

明るくてお母さん気質の、学生とは思えない包容力をもった子がクラスをひとつにまとめあげます。東に傷ついた子がいればそっと近づいて肩を抱き、西にはぐれている子がいれば、派閥が違ってもさりげなくフォローする。彼女の優しさと裏表のなさにみんなが惹かれます。

031

同級生あるある

# イベントはギャルの方が積極的。

文化祭などのイベントを取り仕切るのはギャルグループ。このグループは明るくて垢抜けた子が多く、一見「イベントなんかかったるい」と逃亡しそうな雰囲気ですが、実は真面目で、かなりのお祭り好き。文化祭実行委員長などを務めあげ、全体を大いに盛り上げてくれます。

032

同級生あるある

# 各種オタクが共存している。

アニオタ（アニメオタク）、バンギャ（バンドギャル）、ジャニオタ（ジャニーズオタク）、ヅカタク（宝塚オタク）、ディズニーマニア……何のオタクでも衝突することなく共存しています。異性の目を気にせずに、やりたいことに打ち込めるのが女子校のメリット！

033

図書室あるある

## 図書室には各種オタク雑誌が揃っている。

「アニメージュ」「ディズニーファン」「Myojo」「SCREEN」など、各オタク生徒の欲望を満たす雑誌のラインナップ。図書室の入り口で「アニメージュ」や「Myojo」を広げ「鼻血出そう！」なんて騒いでいてもスルーしてもらえる。それが女子校という空間なのです。

034

同級生あるある

# 「短パン穿いてるから大丈夫！」と見せてくれる子がいる。

階段などを上がる時にパンチラしそうになることってありますよね。夏場はスカートを捲り上げて涼を取る女子校生ですが、時には女子らしく、「見えちゃうよ」と友達同士で注意し合うこともあります。そんな時に起こる現象がこれ。わざわざ見せてくれなくても大丈夫！

035

同級生あるある

## セクハラをしてくる子がいる。

突然、胸を揉んできたりお尻を撫でてくる子がいて「セクハラ大魔神」としてみんなから恐れられています。とはいえ、恐れられているだけで、決して仲間ハズレなどにされるわけではないのが、女子校の大らかで良いところといえるのかもしれません。

036

禁断の愛あるある

# 一年に一度は「レズがいる」という噂が流れる。

「1組のAさん、Bさんに告白したらしいよ！」「2年の先輩にレズがいるんだって〜」と様々な噂が飛び交います。なかには噂を認めどうどうと付き合っている子たちもいたりしますが、大抵の噂は真相が確かめられることなく、曖昧に消化されていきます。

禁断の愛あるある 037

# 「女子同士で付き合っているんだけど……」と相談されて困る。

こちらは女子どころか、男子とも付き合ったこと無いのに！　と叫びたくなりますが、信頼して相談してくれているのだから一蹴するわけにはいきません。とはいえ、アドバイスできることは何もないので、なるほど、と相づちを打ちながら聞き役に徹するのです。

038

先生あるある

# 若い男の先生は現実より数倍かっこ良く見える。

女子校はなんと言っても男子がいない。比較対象がいないので、男性の先生はどんなに普通の外見でも、ある程度かっこ良く見えてしまいます。ちょっと気持ち悪い外見の先生（失礼）にもコアなファンがいたりして、好みの多様性を学ぶことができます。

039

先生あるある

# 若い先生はからかわれる。

変なアダ名を付けられるのはもちろん、若い男性の先生なら、彼女はいるのか、どんな女性がタイプなのかと根掘り葉掘り聞き出されます。からかい半分で先生にアタックをかける子もいますが、メールのやりとりが仲間内に公開されて「先生きも〜い」となることも。

040

先生あるある

## おじさん先生はキモがられ、おじいちゃん先生は可愛がられる。

女子校教師の一生。青年時代「先生カッコイイ！　先生何か面白い話して。先生遊ぼ～」→中年時代「先生キモ～い。あいつ、最近前髪危ないんじゃない（笑）今日も脂ぎってるしッ」→老年期「先生可愛い～。癒される～。枯れ切った感じが堪らない！」。

041

先生あるある

# テスト前だけモテる先生がいる。

テスト前はテスト勉強よりも、いかにして先生からテスト問題を聞き出すかに力を注ぎます。「先生ここ出る〜？」「それともこっち〜？」先生を質問攻めにして何とかヒントを引き出すのです。その際の団結力は、もしかしたら体育祭以上かもしれません。

042

部活あるある

# 部活をしている子は各々1人は「憧れの先輩」がいる。

体育会系の部活の場合、各々ひとりずつ担当の「憧れの先輩」がいます。ジャニーズでいう自担、AKB48でいう推しメンみたいなものでしょうか。カッコイイ先輩に憧れるとは限らず、優しかったり、ふんわりした雰囲気や運動能力が決め手になることも多いです。

043 部活あるある

# 一つ上、一つ下の学年とは仲が悪い。

2年生は1年生を口うるさく指導し、3年生は1年生を甘やかすので1、3年生と2年生の派閥に分かれがちです。3年生が卒業すると、新3年生（元2年生）と新1年生が仲良くなり、新2年生（元1年生）は孤独の時代を迎えるため、負のスパイラルは永遠に終わりません。

部活あるある

044

# 合宿では「お風呂は1人10分まで」。

合宿所をもたない学校の場合、部活の合宿は民宿などに泊まります。すると、大してお風呂が広くない所もあり、それに対してこちらは女子がたくさんいるため（一貫校なら中1から高3まで所属することも）、自然とお風呂などの共有施設には厳しい時間制限が設けられます。

045

同級生あるある

# 友達の膝に座っておしゃべり。

友達の膝の上に座っておしゃべりに興じることは、女子校では当たり前の光景。乗る方も乗られる方もノーリアクションです。ちなみに大柄な子は椅子がない場合、小柄な子に席を譲ってもらい自分の膝を提供するか、机やロッカーの上に座って先生に怒られます。

046

バレンタインあるある

## バレンタインデーはチョコやお菓子の大交換会。

バレンタインは女子校のメインイベント！　タッパーに大量に詰まったブラウニーに生チョコ、小分けして可愛くラッピングされたトリュフ!!　何日もかけて準備したお菓子の大交換会が開催されるのです。この日ばかりは先生もお菓子の持ち込みを黙認してくれます。

047

バレンタインあるある

# 若くてかっこいい先生の机の上はチョコが山になる。

人気者の先生の元には、本命から義理まで、チョコレートがどっさりと集まります。紙袋2袋分はかたいのではないでしょうか。人気がない先生や女性の先生の元にもちゃんと義理チョコが投入され、この日は学園全体がお祭りムードに包まれるのです。

048

ホワイトデーあるある

# ホワイトデーもクッキーやお菓子の大交換会。

一見女子校には関係無さそうなホワイトデーも、実はお祭り騒ぎです。今度はバレンタインデーに何も持ってきていなかった子がクッキーなどを作ってきたり、バレンタインでも持ってきた子がまた持ってきたり。こうしてイベントはとことん楽しみ尽くされるのです。

049

先生あるある

# 男子トイレは職員室の側にしかないので男の先生は大変そう。

男子トイレは職員室の周辺に数個のみ。よって男性の先生は突然もよおした場合、職員室まで帰還しなければなりません。ちなみに文化祭など、男性保護者が来校する日は、女子トイレのマークの上に男子トイレマークが貼り付けられただけの、簡易男子トイレが出現します。

050

先生あるある

# 派手な服装をしていると陰口を叩かれる。

「化粧は禁止」「髪を染めるな、結びなさい」「スカートを短くしてはいけない」と言うくせに、先生は茶髪で短いスカートを穿いていては、納得できるものもできません。化粧が勉強に必要ないと言うのなら、女子アナのようなそっちの格好も仕事には必要ないのでは!?

051

先生あるある

# 筋肉質な体育教師は気持ち悪がられる。

女子は基本的にマッチョが苦手です。特に筋肉美を見せつけてくるナルシストさが加わると、目も当てられません。女子校で嫌われたら最後、けっして挽回は出来ず、みんなが卒業するまで「逆三角形キモいんだけど」と蔑まれ続けることになるのです。

052

ミッション系女子校の先生あるある

# シスターは死にそうな人が多い。

シスターはミッション系の中でもカトリックの学校にしかいません。校内の修道院に住んでおり、毎日、御御堂《おみどう》で祈りをささげ、昼間は教員などをしています。行儀に厳しい人から漫画を読む気さくな人まで様々ですが、高齢化が進んでいるらしく、若い人はあまりいません。

053

ミッション系女子校の先生あるある

# シスターのベールの中が気になる。

シスターは常にベールと修道服を身に着けています。夏と冬では若干生地が変化しているような気もしますが、基本は同じフォルムです。そして、「１年中外されないベールの中身はどうなっているのか気になる！」と生徒たちの心をモンモンとさせるのです。

妻もうちの学校の卒業生でね
いつも主人がお世話になっております
マジ!?

054
先生あるある

# 先生の奥さんは卒業生。

女子校マジックといえば、やはり男性の先生が外で見るより何倍もかっこ良く見えること。大抵は卒業して男性と接するようになると「先生のどこが良かったんだろう?」と目を覚ましますが、中にはそのまま想いを成就させる人もいたりして、「先生得したね」と思うのです。

# 3時間目　女子校生の生態

055

習性あるある

# 廊下は手をつないで歩く。

女子校では女子同士のスキンシップが盛んです。手をつないだり、腕を組んだり、抱きついたり。レズというわけではなく、女の子にくっつくことに抵抗がないのです。その環境で長年過ごすと、進学先でも癖が抜けきらず、変わった子扱いされてしまうことも。

056

習性あるある

# 後ろからおぶさる。

女子校の廊下を歩く際は、気を抜いてはいけません。いつ背後から奇襲を受けるか分からないからです。気を抜けないのは教室も同じ。背後からの痛恨の一撃を食らいたくなければ、俺の背後に立つなオーラを常に纏《まと》うか、自ら他者の背中を狙いにいかなければなりません。

057

習性あるある

# スカートの中をうちわで扇ぐ。

うちわ、下敷きは夏の必須アイテム。スカートをパタパタさせてもまだ暑い時は中をそれらであおぎます。基本先生は異性と考えていないので、男の先生の前でもお構いなし。こんなに暑いのはジャンパースカートがつながっているからだ、と制服に当たりたくなることも。

058

習性あるある

## ナプキンが教室を飛び交う。

「きちゃったんだけど誰か持ってない!?」「あ、私持ってる！　いくよ」「ナイスキャッチ☆」こんな女子校の日常は共学の人からすると信じられない光景だそうです。トイレに持って行くにも巾着に入れたりしなくても大丈夫。ああ、なんて楽チン女子校ライフ☆

059

習性あるある

# いたずらが好き。

いたずらを仕掛ける際の団結力は体育祭以上。クラスが一丸となって先生を驚かせることに心血を注ぎます。女子校は刺激が少ないので、みんなスリルを求めているのかもしれません。日々くだらなすぎる技を編み出し、先生を翻弄する腕だけが上がっていきます。

060

習性あるある

## 持ち込み禁止の携帯が鳴った時に発揮される異常な団結力。

突然鳴り響くケータイの軽快な着信音。その瞬間、どこからともなく響くわざとらしい咳払いや大げさな貧乏ゆすり。「ゴホッ」「ゲホッ」「ゴゲホッ」「ガタガタ……」「ダンダンダン……」。同級生を思う心に免じてか、先生も何も言わずに見逃してくれることが多い、かも？

061

授業あるある

# 授業は手紙をやり取りする時間。

「お昼購買行こうよ」「先生ハゲてきたよね（似顔絵付き）」「昨日はゴメン」「大学どうしよう」、どうでもいいことから真剣な話まで、ルーズリーフやノートの切れ端に書かれた手紙が飛び交います。オリジナル象形文字の手紙が来て、授業時間中ずっと謎解きに追われることも。

062
手紙あるある

# 手紙をかわいい形に折る技術が向上する。

ただ手紙を書くだけでは飽きたらなくなり、可愛い形に折る技を習得し始めます。ひとりが新バリエーションを習得すると、いつの間にかみんなが折れるように。こうして全体のクオリティーは上がっていきますが、不器用な人は永遠に基本の長方形から抜け出せません……。

063

行動あるある

# 教室で鼻をかむのは当たり前。

授業中に鼻がムズムズしたらマイティッシュを取り出し、その場で「チーンッ」と鼻をかみます。花粉症の季節はかなりの確率で机の上にティッシュ箱が出現。鼻セレブを持っている人の元には、普通のティッシュでは耐えられなくなった人が吸い寄せられていきます。

064
行動あるある

# 誰も助けてくれないので力仕事もこなす。

分厚い辞書でもドラムでも看板でも、待っていれば誰かが運んでくれる、ということはまずありません。どんなに重いものでも自分たちで運ぶしかないのです。ちなみに班長や委員長も女子がやる他ありません。こうして女子校生はどんどんたくましく成長していきます。

065
行動あるある

# いつの間にやら連れション。

「トイレ行ってくる」「あ、私も行きたかったんだ」「私も一応行っておこうかな～」と気がついたら〝連れション〟状態に。見ているとなぜか同じ個室に入っていく子もいたりして、あの子たち何やってるの？　と話題になることがありますが、深くは追及できません。

066

行動あるある

# よく食べる。

朝、教室で菓子パン（巨大メロンパンやスティックパン等）完食、休み時間に自宅から持ってきたお弁当を完食、昼休みは食堂でランチ、放課後は部活の前に腹ごしらえ、部活後「お腹が空いて家までもたない……」とコンビニで買い食い、帰ってもちろん夕飯もいただきます。

067

行動あるある

# 休み時間はお菓子の時間。

休み時間になると誰からともなく鞄から取り出すお菓子。「チョコ食べる〜？」「あ、新作出たんだ！」「お返しにアメあげる！」本当はお菓子の持ち込みは禁止ですが、バレなければ怒られないので問題ありません。育ち盛りはおなかが空くのです。

その前髪のおろしちちょうカワイイ〜〜〜っ
ありがとうっ山田さんこそ鼻の形がキャリパミュみた〜〜い
ありがとーっ高橋さんこそまゆ毛がローラみたいでちょうキュートだよーーっ
∞
くり返し

068

行動あるある

## 同性同士で褒め合う。

褒められたら褒め返す。それが女子の鉄則。とはいえ、別に心にもないことを言っているわけではなく、素直にイイなと思ったから褒めたり羨ましがっているだけなのですが……。こうして女子校生の「女の子扱い」の腕は磨かれていくのかもしれません。

069

恋愛事情あるある

# 最寄りの男子学生をランク付けする。

校内では得ることが出来ないトキメキは校外から調達するしかありません。電車で一緒になる男の子や、近くのバス停に並んでいるカッコイイ男子に目をつけて「○○の君」なんて呼んでみたりして。しかし、奥手で受け身な女子校生、見守るだけで精一杯です。

070

行動あるある

## どうでもいいことで先生に突っかかる。

落とした手紙を届けてもらったのに中身を見られたことにガン切れしたり、授業中のうたた寝を注意されて教室を飛び出したり、スカートの丈が短いと注意されても「成長しちゃったんです」と頑なに言い張ったり、とにかく先生の言うことは素直に聞くことができません。

071

教室あるある

# 机の中が汚い。

ノートに教科書、英和辞典、古語辞典、プリント、お菓子に漫画、授業中に書いた手紙、色ペンの詰まったペンケース、掃除用のエプロン……。四次元ポケット並に何でも詰まっています。取り扱い厳重注意。掃除の際に机を後ろに運ぼうとして、中身が雪崩を起こすことも。

072

教室あるある

# ロッカーの中も汚い。

持って帰っていないジャージ、洗っていない運動シューズ、教科書、ノート、漫画、中身が変色したペットボトル……？

　こちらも倒壊寸前。蓋が付いていて普段は中身が見えない分、梅雨時には見てはいけないものを見てしまう危険性が高いスペースでもあります。

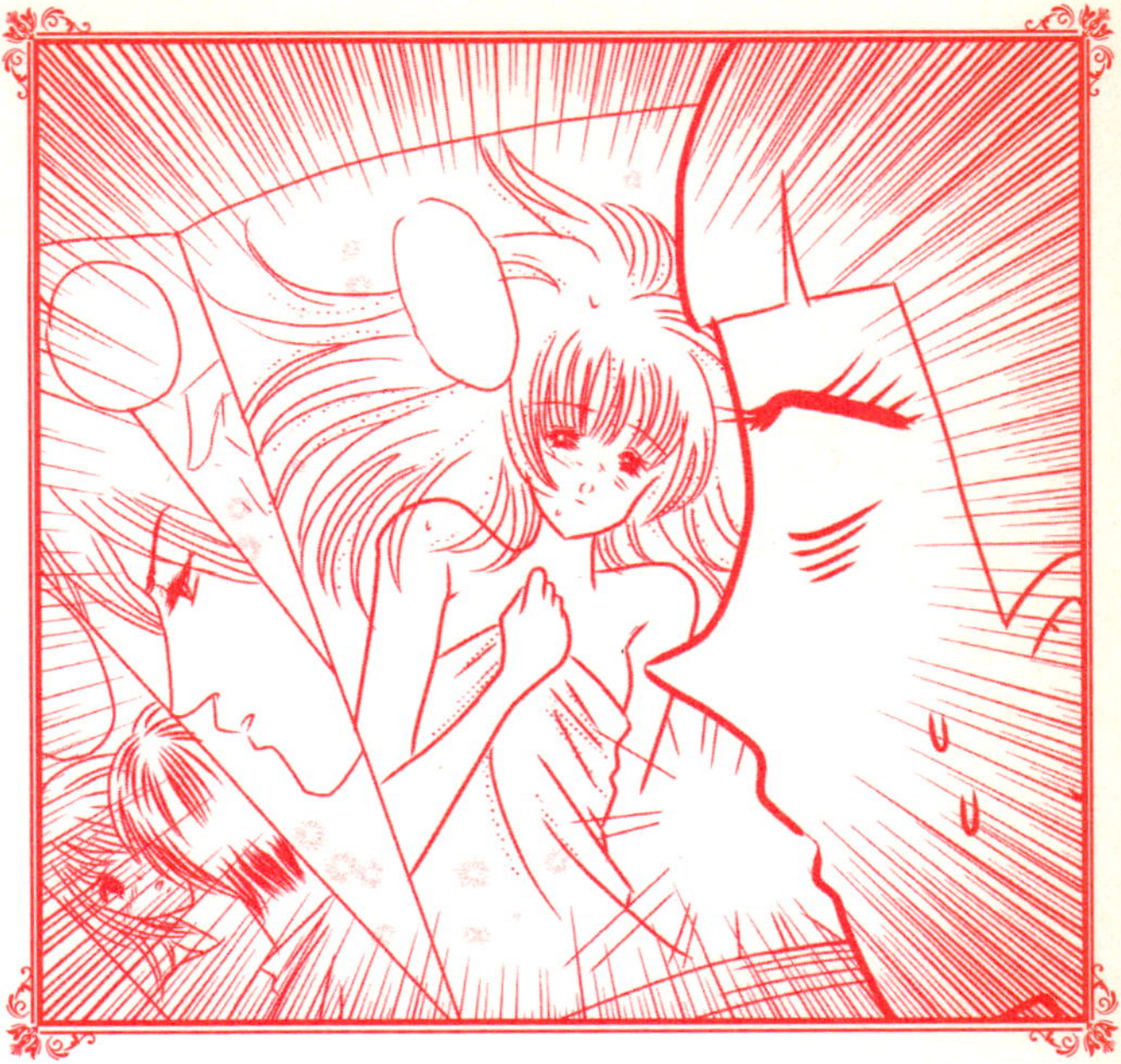

073

エロ話あるある

# エロい漫画が流行る。

「少女コミック」こと「少コミ」等のエロ少女漫画やフランス書院などをみんなで回し読みします。クラス全員が同じ本を読んでいるというすごい状況に。役目を終えた漫画類はロッカーに溜め込まれますが、ロッカーを整理する際に誰が処分するかで喧嘩が勃発することも。

みんな、ち○こってね
大きくなったり小さくなったりするのよ～
ほほ～

074

エロ話あるある

# 彼氏がいる友人のエロ話を車座《くるまざ》で聞く。

お昼休みの話題は基本シモネタ。お弁当を食べながらエロ話を拝聴します。話を提供するのは数少ない彼もち子。「彼もち子」と「彼なし子」の目には見えないヒエラルキーを感じつつも、抑えきれない好奇心。こうしてひたすら耳年増になっていくのです。

075

塾通いあるある

# 塾に行きだすと急に色気づく。

数年ぶりに経験する男子がいる教室、怠っていたお手入れにも力が入ります。眉毛ボーボーだった子が化粧をするようになったり、ストパーをかけたり、セーターを新調したり。でもこちらからは男子に話しかけられず、友人同士で固まってしまい学校と変わらない状況に。

076

塾通いあるある

# 男子は基本苦手。

超久しぶりに触れる男子という存在。幼い頃の男の子しか知らない女子校生にとっては、もはや「未知の生物」。つい意識過剰になりすぎてしまって、逃げてしまったり、逆に面白がらせようと頑張りすぎてしまったり、最初はなかなかうまくいかないのです。

077

塾通いあるある

## 校外でも女子校の人とつるんでしまう。

学外で出会った子がとても気が合う、一緒にいて楽な気がする、と思ったら、やっぱりあなたも女子校生!?　女子校に通っていると、いつの間にか同じ匂いを感じ取るセンサーが身につくのかもしれません。共学出身の女子力高過ぎ女子には気後れしてしまうことも……。

078

恋愛事情あるある

# 見る目がない子が育ちやすい。

男子に夢と理想を抱きがちな女子校生ですが、思春期に男子との接触が少ないせいなのか、「あの子可愛いのになんで?」と聞きたくなるような男性とお付き合いを始めることも少なくありません。逆に理想が高すぎて、普通に可愛いのに卒業後も一切彼氏ができない子も。

あのね、昨日
うちの庭にUFOがおち
てきて
中から
こんな
ちっこい
宇宙人が
でてきてトイレかしてって
おじさんは全身がミドリ色
名前は田代さんていって
お母さんが
お茶でも
どう

079

可愛い子あるある

## 可愛い子はどこかおかしい。

少女漫画に天然キャラとして出てきそうなくらいズレていたり、ドラマに出てくる熱血先生のようにひたすら熱かったり、セクハラが大好き過ぎて発言がオヤジだったり、極端にキャラが濃い子が多いです。みんな黙ってれば可愛いのに……。

# 4時間目　女子校生の身だしなみ

080

身だしなみあるある

# 授業中に指毛を抜く。

授業中の暇つぶしは、まず手紙を書いて、机の下で漫画を読んで、枝毛を探して、毛を抜いて……？　指毛が一段落すると次は腕毛。爪の先を合わせて一本ずつ丁寧に抜いていきます。なかには毛抜き持参の確信犯も……。ちなみに足毛を抜く猛者もいます。

081

身だしなみあるある

# 無駄毛を抜きあう。

キレイにしたい、というよりは鼻の角栓を毛穴スッキリシートで抜き去るようなノリで抜いているのではないかと思われます。初めて目撃した時はさすがに衝撃を受ける光景ですが、徐々に慣れ、いつの間にか「ここ届かないから抜いて〜」なんて言ってしまう恐ろしさ。

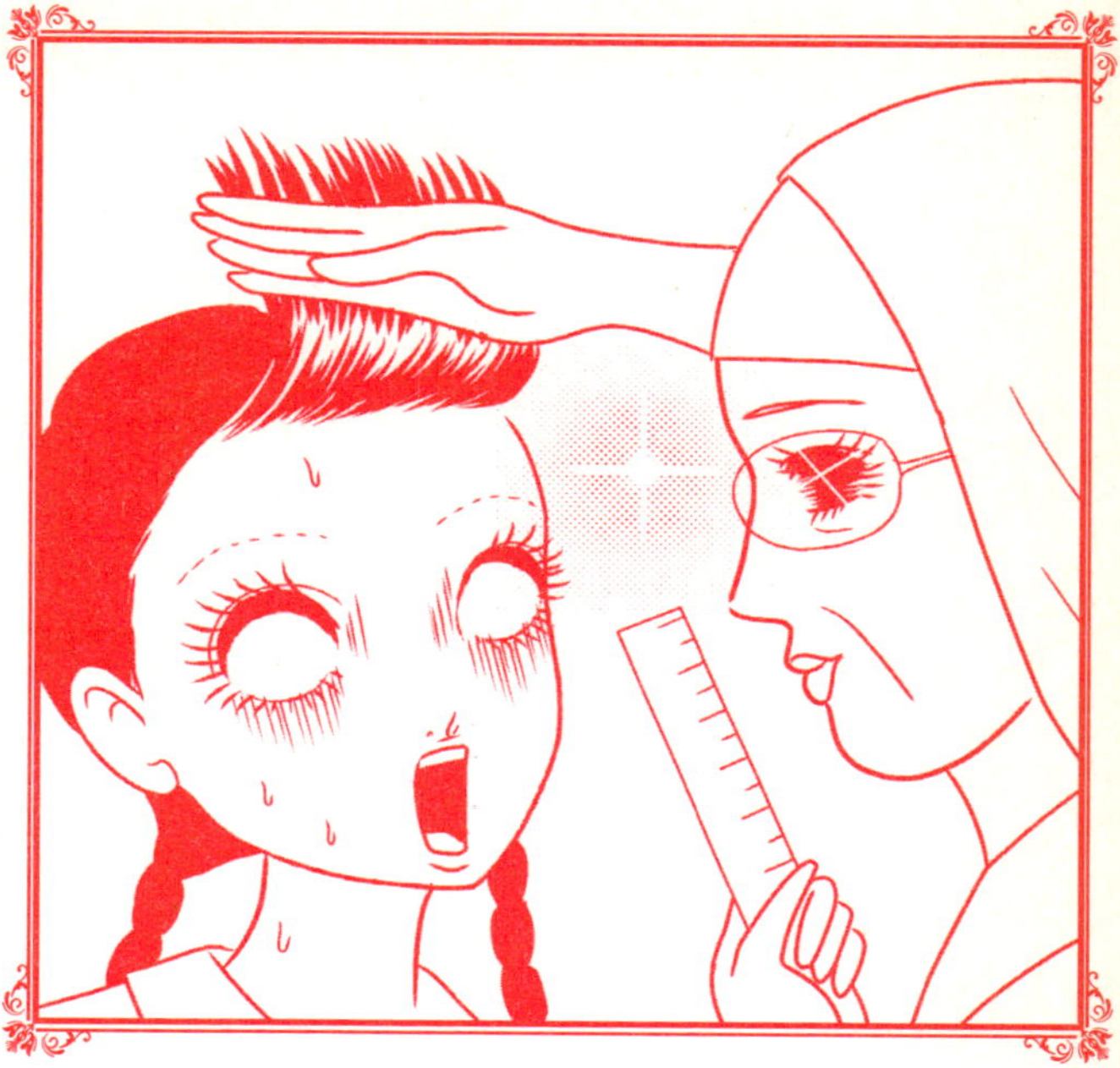

082

校則あるある

# 定期的に眉毛検査。

「生まれたままが一番美しいのです」と言う先生に対して、ほっとくと眉毛つながっちゃうんだけど、それはさすがに美しくないいんじゃないかな、と思うのですが言い返せません。前髪の長さ、スカートの丈、ピアスの穴の有無に持ち物検査等、他にも色々な検査があります。

083

制服あるある

## 夏は下着が透けている。

夏は薄着の季節。夏服には透け防止のためか、ベストなどがセットになっているのですが、ただでさえ暑いのに、余計なものは一切身につけたくありません。よってみんなシャツ1枚で行動。ブラが透けても気にしません。男の先生の前でも気にする素振りすらみせません。

ユロクロなら3足千円なのに…!!
ただの白くつ下に校章はいってるだけで
700円もする!!

084

制服あるある

# 指定の校章入り靴下は高いのに破れやすい。

制服のシャツはもちろん、靴下や靴、コートも指定です。そして、この指定グッズが高い！　白靴下なんて体育の時の砂埃で白と茶色のしましま模様になってしまうのに、履き替えることは許されない理不尽さ。マフラーまで指定、傘は無地以外は認めないという学校も。

085

制服の中身あるある

# 下着の上下を揃えるという概念はない。

「誰かに見せる」という用途が一切ないため、下着は常に適当です。しかも女子しかいないので着替えもガバっと脱ぎます。下着にこだわりを持たずに生活しているせいか、「ちゃんとブラのサイズ測ってもらったら2カップもアップした！」なんていう話もチラホラ。

086

制服あるある

# 他校に進学した同級生に制服を嘲笑《あざわら》われる。

親、年配者ウケ最強のレトロすぎる制服（創立以来変わらぬ伝統のデザイン）は、若者社会では時代遅れ、ダサさの極致としか認識されません。久しぶりに道端で出会った元同級生が「制服、なんかすごいね……」と絶句する様には、こちらも開き直るしかありません。

087

制服あるある

# 同級生の制服を借りてきて撮影会を楽しむ。

一度でいいから可愛い制服が着てみたい！　そんな願望がマックスに達した時、最終手段は他校の友人や同級生の姉妹から制服を借りてくるという裏ワザ。カーディガンやリボンをイーストボーイやコムサで調達して、オリジナル制服を創作したりもします。

088
制服あるある

# 帰りのバスは変身タイム。

校内では先生が目を光らせているので大人しくしていますが、放課後はフリータイム。学外という世間に出る前に、長すぎるスカートをたくしあげ、指定のダサい上着をセーターにチェンジ、一般乗客の冷たい目線をものともせずに白ハイソから紺ハイソに履き替えるのです。

089

制服あるある

## ダサい制服を改造する。

通常の制服のスカートならばウエストの部分を折り込めば短くすることもできますが、女子校で採用率の高いジャンパースカートはスカート丈を短くするのに様々な技が必要です。しかし、みんないつの間にかそのコツを身につけ、放課後は普通の女子高生を演じるのです。

090

持ち物あるある

# ティッシュ箱をデコる。

ひとり一つ箱ティッシュを机の上に常備するのが女子校では常識。授業中はコッソリと色ペンなどでその箱に落書きをします。そして完成するのがデコの「オリジナルマイティッシュ箱」。持ち主も一目瞭然だし、見た目も可愛くなって一石二鳥!?

謎の校則例
前髪はマユ毛の上まで
刈りあげ禁止
ツインテールは左右対象で

091

校則あるある

# 謎の禁止事項が多い。

女子校は特に校則が厳しい気がします。なんでこれがいけないの？　と思わず聞きたくなる謎の校則が盛りだくさん。「ポニーテール禁止」もその代表格。先生は「ポニーテール禁止の理由」「ツインテールが非対称ではいけない理由」を答えられるのか、はなはだ疑問です。

092

身だしなみあるある

## ひげは生えっぱなし。

顔面の産毛は薄いから見えないでしょ、と放置です。どうせキスをする相手がいるわけでもないので、超接近戦でしか問題が発生しない毛の処理は、女子校生には必要ないのです。しかし、女子ばかりだと油断していると、牛乳を一気飲みした際に白髭が現れ爆笑されることに。

093

身だしなみあるある

# 腕毛も生えっぱなし。

腕毛も足毛も、気にする子はきちんと処理をしていますが、大抵の子は「ま、いっか」と放置気味です。しかし、突如教室で「毛談義」に花が咲くこともあり、剛毛自慢大会になることも。脱毛、脱色、除毛……こうして毛に関しての様々な知識を身につけていきます。

094

# 基本、不潔。

身だしなみあるある

お菓子を学校で食べることは禁止されているので、証拠を残さないためにゴミ箱にゴミを捨てることができません。そのため、ポケットが簡易ゴミ箱と化します。また、上履きの洗濯は最短でも学期ごと、1年間一度も持って帰った記憶が無いという恐ろしい発言も。

095

身だしなみあるある

# 時々足がとても臭い子がいるが突っ込めない。

上履きを持って帰って洗うということが滅多にないため、1年間洗われずに履き潰された上履きから、異臭事件が発生することも。ですが、そこは気遣い上手の女子同士、指摘された子が傷つかないよう、気づかないふりをしてあげるのが優しさというもの……？

096

身だしなみあるある

# スカートの下にジャージを穿く。

冬は寒いのでスカートの下にジャージを装備します。「見た目が悪いからやめなさい！」と先生は怒りますが、どうせ見せる相手もいないので問題ありません。ひざ掛けも冬の必須アイテム。腰に巻いてロングスカート状態になっているのが冬の風物詩です。

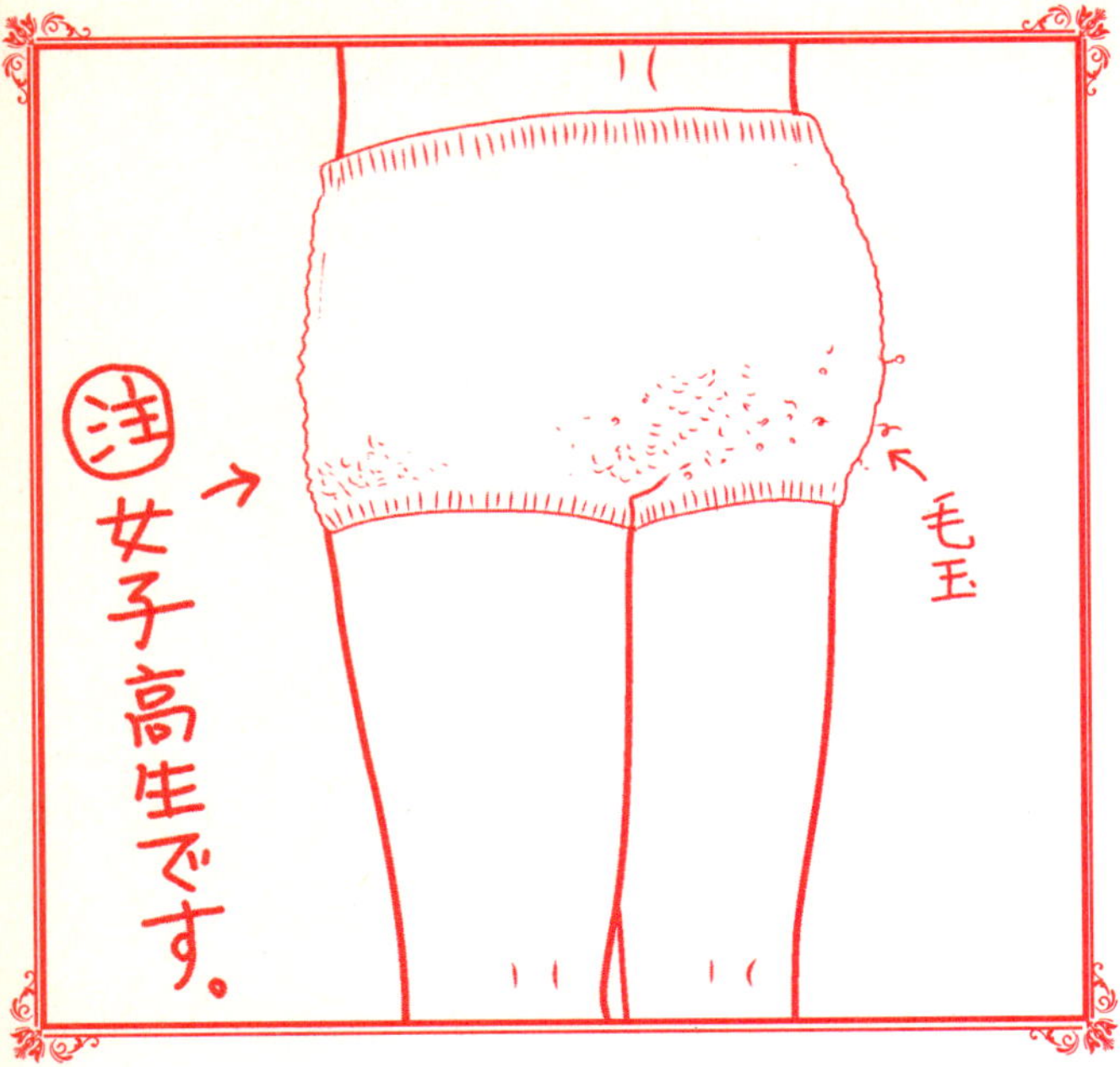


097

身だしなみあるある

# 毛糸のパンツを穿いている。

冬は毛糸のパンツがスカートの下の標準装備、と言ったら過言かもしれませんが、結構穿いてます。冬は黒タイツを穿くことが許されている学校もあり、ムダ毛が目立たない上に穿いてみるとなかなか暖かい、白ハイソよりはマシ、とタイツを選択する人も少なくありません。

098

新入生の身だしなみあるある

## 新入生は靴下とスカートがくっついている。

とくに中高一貫校の場合、中学での成長を見込んでスカート丈も長めのものを勧められます。もともと膝丈のスカートをさらに長くしているので、入学当初はスカートとハイソックスが一体化し、白タイツ状態になってしまっている子が続出するのです。

099

お化粧あるある

# 先生は除光液とメイク落としを常備している。

「化粧禁止」「マニキュア禁止」、たとえそう校則に記されていたとしても、10代はおしゃれをしたいお年ごろ。そこで、生生と生徒の間で化粧をめぐる攻防戦が勃発します。「あなた、化粧してるわね、ちょっと落として来なさい！」「アートメイクだから落とせません!!」

制服あるある

# 卒業後は制服を売り払う。

実際に売るかどうかは別として、「うちの制服すごい高値で売れるらしいよ」という噂が流れます。「制服　販売」で検索をしてみたところ、某女子校の中古の制服には20万の値がついていました。うちの制服も5万くらいにはなるのでは？　とささやかな夢をみるのです。

# 5時間目　女子校生でした

## ～元女子校生の座談会～

**元女子校生の方に、女子校の真実についてうかがってきました。今回お話を聞かせて下さったのは、約10年前に私立や県立の女子校を卒業した20代後半の方々。みなさん一見おっとりとしたお嬢さんに見えますが、一流企業などでバリバリ働くキャリアウーマンです。**

### ✦みなさんの女子校歴など教えて下さい。

**A**　女子校歴は10年です。中、高、大。Cさんとは中高の同級生で部活と生徒会も一緒でした。現在はバス会社で働いています。

**B**　私も女子校歴は10年です。中、高、大と。周りにはびっくりされるけど、自分たちからすると普通ですよね。大学がAさんと一緒でした。今は鉄道会社勤務です。

**C**　6年間、中高で通ってました。Aさんと同じ私立のカトリック系の学校でした。大学は共学で、今はSEをしています。

**D**　女子校歴は高校3年間です。学校は県立で畑の中にありました。現在は公務員です。

**E**　女子校歴は、小学校から高校までだから、6年、3年、3年で、12年ですね。IT企業に勤めています。

### ✦女子校に入った理由は？

**E**　小学校からだから、自分で決めたというよりは親の意思ですね。叔母と母親がもともと通っていたこともあって、そのまま。

**C**　うちもそのパターン多かった。うちの学校出身だから、娘を入れるみたいな。私は女子校にこだわりがあったわけではなくて、家が近かったから。偏差値的にもちょうど良かったし。受ける時は女子校とか気にしていなかったな。でもホームステイ制度があったのは決め手になったかも。

**A**　私は近所の学校を受けようとしていたら、模試でここも入れますよって出てきて。あと、英語に力をいれているのが親的には良かったみたい。

**B**　水泳がやりたくて、水泳部があったところの中でいけるところに。共学で水泳部があるところは偏差値が高かったのでしぶしぶ（笑）

**C**　うちの学校は水泳部なかったもんね。

**A**　そもそもプールがない。

**C**　そうそう、プールがないからうちの学校にしたっていう人もいたね。

**D**　私が女子校にしたのは、偏差値的にいけたのと、うちの地域の公立は男女別学が多くて、私立に行くお金はなかったので……。

### ✦実際女子校に入ってみてどうでしたか？

**D**　教室で隣りの席が男子じゃなくて女子だったのにはじめ驚いた。

**C**　分かるかも。私、受験した時に「あ、女子しか受けてない」って思ったもん。

**E**　小学校からだと、それが当たり前すぎて。なんとも思わなかったですね。でも、留学中は共学だったし、兄がいたので、全く大学に進学しても困らなかったな。

**B**　私もなんにも思わず慣れました。

**A**　私もあんまり。

**C**　私だけなのかな。避難訓練とかで校庭に出た時も、全員女子が並んでるって、うおって思ったんだけど。

### ✦変わったイベントとか行事ってありましたか？

**B**　体操を校庭で毎朝やってました。

**C**　ユーチューブにのってるかもね。調べてみよう。あ、あったあった。

**B**　恥ずかしい（笑）一見宗教みたいだけど、うちの学校は特に宗教はありません。おかげさまで6年間健康でした。

**D**　変わった行事はなかったけれど、体育祭はメイン行事より応援がかなり盛り上がって、みんなコスチュームとかを作って踊っていました。あと、伝統のマイムマイム的なダンスを覚えて踊ったりしました。

**A**　そのダンスも後でユーチューブで検索してみよう。

**D**　のってるかな?

**A**　絶対のってるって、女子校のそういうのが好きな人いるんだって、ネットの世界には。

**E**　うちは逆に、体育祭とか地味過ぎて、体育に全く力を入れてない感じ。と言って勉強に力をいれているわけでもなくて、箱入り娘だらけで、みんなぬくぬく、すくすく育ってた。カトリック系だからミサとかはあったけど。小学校の方が宗教教育は強かったかな。中高から入って来る人もいたから、そこで少し緩くなるけど。

**B**　そういうの聞いてると、宗教系の学校もいいなって思う。

**A**　最初だけ（笑）

**B**　結婚式とかでも歌えていいなって思うよ。

**E**　複雑な気分になるよね、仏教徒なのにって。

**C**　あ、私も思ってた。

**楽しかったことは? バレンタインとか盛り上がるそうですね。**

**A**　懐かしい。

**B**　タッパー持ってきてた。

**D**　タッパーはなかったな。けどクラス会みたいなので、みんなでチョコを持ってきて食べたよ。

**A**　上手い子のは、予約制だったよね。クラスが違うとクラス内で配ってなくなっちゃうから、事前に欲しいって言っておくと別に作ってきてくれるの。

**B**　うちはお弁当だったから、おかずをひとり一品作ってきて持ち寄って交換会とかしてたよ。

**A**　やだ、可愛い。うちもやればよかったね。ふふふふふ。そんな話にもならなかったよね。

**C**　お菓子は作ってたけどね。

## ✦衝撃的な出来事はありましたか？ 脇毛を抜きあったという証言があるのですが……。

**A** そういう話が出るから「女子校って……」って言われるんだよね、たぶん。

**C** そんなのないよね。ある？

**A** トイレの扉を開けたら、通路で、下の学年の子が愛しあってたのを見ちゃった！　って友達が駆け込んできたことはあったな。それで、見に行ったらもういなかった。

**C** へーそうなんだ。手をつないでいる人はよくいたけどね。

**A** それはいた！

**E** 手をつないだり腕を組んだりはいたね。でもそこまではなかったな。

**D** そこまではないけど、劇が宝塚みたいになってて、男役の方にファンクラブみたいなのができてたことはありました。きゃーって、もうヤバイ追っかけがいて、友達が追っかけのひとりだったんだけど、その男役の人が卒業するときに卒業コンサートなるものがあって。

**E** コンサート（笑）

**D** ひとりで行くのは恥ずかしいから一緒に来て欲しいって言われて行ったら、男役の人が歌い出した瞬間みんな号泣。

**B** 芸能人みたい。

**D** そう。でも私はそんなに思い入れがなかったから、ひとりだけ泣けなくってどうしようって。でも、ファンの子は本当に悲しんでた。

**A** すごいなー。

**B** うちの学校にも歌って踊る部活があって、宝塚みたいなメークと衣装を手作りするんだけど、やっぱり男役の人はモテてました。

**A** 男子がいないから、しょうがないのかな。

**E** うちの学校の体育祭は学年混合で三組に分かれてダンスとか出し物をするんだけど、その各組のリーダーみたいな役をやる子は3年生のスポーツ系の部活の先輩がやってたのね。それで、私の同級生がリーダーをやった時に、後輩から手紙を貰ったって教えてくれて、その手紙に「うちで飼っているうさぎの写真です」って、うさぎの写真が入ってたの。

**A**　どうしろと（笑）何のアピールなんだろうね。

**C**　可愛いけどさ。

**A**　「うさぎが可愛いでしょ」アピール？

**B**　ちょっとでも気を止めて欲しいのかな。

**A**　難しいアピールだね。

**C**　汲み取れないよね。

**恋愛事情について教えて下さい。**

**A**　彼氏がいる子はいたはいたけど、少数だよね。ほとんどいなかった。

**E**　出会いは塾とかが多いんじゃないかな。うちは付き合っているのは４割くらい？　半分はいなかったな。

**B**　うちは合コンとか。

**どうやってお誘いが？**

**B**　多分、文化祭とかに行って出会うんだと思う。

**A**　私も一回だけセッティングしたことある。小学校の頃に付き合っていた人に言われて一回。

**C**　中学では付き合ってなかったんだ。

**A**　中学高校は付き合ってなかったよ。でも、高校の時に、「Aさんって大学生とつきあってるんでしょ？」って同級生に突然聞かれて、身に覚えがないからびっくりした。そういうのなかった？「誰々さん付き合ってるらしいよ」って噂がひとり歩きしちゃって、本人に確かめたら「なにそれ？」みたいな。

**E**　噂は早かった。そういう系の、付き合ってる付き合ってないっていう噂は本当に早くて。

**A**　女って怖いわー。

**E**　学校の友達とその子の男友達と、夏期講習の帰りに学校近くの公園で座ってたら、友達が一瞬家に帰った時に目撃されたらしくて、翌日「誰?」って。でも性格的に「違うな」って思われたのか、すぐ収束はしたけど、なんで知ってるの? って。

**B** ギャルみたいな子はいろんな人と付き合ってたけど、私はいなかったな。彼氏がいる人の割合は5分の1くらいかなぁ。

**A** 多いよね。うちは片手で数えられるくらい。

**D** うちは40人クラスに5人くらいかな? 私はあんまり詳しくないけど、噂で「らしいよ」って。うちはチケットとかなかったから、文化祭に男子も来て、来るとちょっと色めき立ってた。部活の部長がとても美人で、アドレス聞かれたりしてた。その相手と付き合ったって聞いたかな。

**卒業後は出会いはありましたか?**

**C** 女子大は合コン多そう。

**B** 実は無いよね。

**A** 無いの私たちだけだから。いたじゃん、前の席で前日の合コンの品評会している人たち。女子大って、すごく真面目な子と、そうでもない子と、振り切れちゃってる子に分かれてて、振り切れちゃってる子は授業中に教科書の代わりに化粧品を並べて、合コンの品評会。「誰々くんはよかったけど誰々くんはない!」って。

**合コンがない場合の出会いの場は?**

**A** バイト!

**B** バイトだね。

**E** インカレとかは?

**A** している子もいたけど、単位的にしにくかったからできなかった。科目も結構多かったし。

**先生はどんな人がいましたか?**

**B** 先生は面白い人が多かった!

**A**　パンチ利いてるのばかりだよね。
**C**　そう言えば、この前A先生が女の人と一緒にカフェにいるの見たよ。
**A**　奥さんじゃないの？
**C**　でも、あの人結構モテるんだよ。一回結婚して、離婚して、もう一回結婚してると思う。
**A**　だってあの人うちの卒業生に手を出してるじゃん。嫁みんな卒業生だよ。
**B**　うちもいました！　後輩と体育の先生が。
**C**　いくつくらい？
**B**　先生が30くらい。彼女が23？
**C**　まあ、年齢的には大丈夫だね……。
**B**　そう、でも、知らなかったから、知った時はえーって。
**一同**　そうだよねー。
**D**　うちはそんな話はなかったけど、若い男の先生は問答無用で褒め称えられるというか、扱いが良かったね。みんなキャーキャー言って。逆にオッサンみたいな先生は、悪いことしていないのに風当たりが……。
**C**　あー、キャーキャー言われてた。
**E**　うちは校則もすごく厳しいし、シスターが教えてたりするような学校だったから、そもそも若い男の先生を入れないようにしていたんじゃないかな。いたとしても凄い、微妙な。採用の時点で切ってたんじゃないかな。
**B**　キケンな道に進まないように学校側が……？
**A**　すごいね。
**E**　生徒に手を出したとか、セクハラとかの噂はすごく早くて、そんな噂が出てしまうと先生は学校から追い出されるくらい。それではめられて辞めた先生も。
**A**　うちにもいたよね。はめられたというか、下の学年に授業ボイコットで追い出された先生。
**C**　若い先生？
**A**　そうそう。授業始まってるのに、鍵を内から掛けてカーテンも閉めちゃって、教室に入れないようにされて。それが何回かあって、自分の身を守るために辞めていった。

**C**　まじで、怖い。知らなかった。友達の妹に聞いてみようかな。

**E**　ほんと、女は怖いんだよ。わざと触らせたりして、親に言ったりするの。厳しい学校だから、真偽は関係なく一回でも噂になると追い出されちゃう。

**同級生どうしでもイジメとかってありました？**

**C**　あったのかもしれないけど、私あんまり、関与せずだったから。

**A**　私もあんまりそういう記憶はないな。

**C**　いざこざは個人個人ではあっても、グループで誰かひとりを無視したりはなかったかな？

**E**　表立ってやるのはなかった。ドラマみたいにトイレで……みたいなのはなかったし、軽いのもなかったけど、怖いなって思ったのは、放課後に日直で残ってた時に、派手系の女の子が集まって話してて、その中のひとりの子がお手洗いに行った隙に「あいつさ～」って。その子が戻ってきたら何事もなかったようにしてて、他の子がトイレか用事かで外したら、今度はその子が「あの子ああだよね～」って。ああ、怖いって思った。

**C**　いなくなった人がターゲットに……？

**一同**　こわーい。

**卒業して何か変わりました？**
**例えば女子扱いされるとか。**

**A**　女子扱いっていうのが、どういうことをされると女子扱いなのかが分からない。

**E**　ああ、分かんないよね。

**A**　もしかしたら、男性は気を使ってくれているのかもしれないけど、私はそうとっていないから。

**E**　異性をあんまり意識してこなかったから、違いも逆に分からない。

**A**　そう、みんな一緒。

E　うん、いまさら男女として考えられない。男も女もみんな一緒。

A　人類みな兄弟的な。

C　あるあるある。

E　でもそれで失敗することあるよね。多分共学の子の方が、ずっと男は男、女は女で意識しているから、立てるのも上手だなと思う。女子校って男の子来ても、女の子の友達と同じような扱いをするから。

A　友達どまりで終わってしまう。

E　そうそう、だから男友達はいっぱい。

A　彼氏はいないけど（笑）

B　確かに、共学の子の方が女の子って感じがするかも。

A　女性の友達といる時と、男性が入ってきた時の使い分けが共学の子は上手。ちゃんと女性を出せる。私にはその要素無いなって思う。遠くから見て、無理だわーって。

B　ピンクのオーラというか。可愛い感じだよね。

## ✦やり直せるなら女子校にもう一度入りたい？

B　もう一回やりたい。普通に楽しかったし、別にいいかな。

D　女子校というこだわりではないけど、母校にはもう一回通いたい。

C　私はどっちでもいいかも。

A　楽しかったからぜんぜん。でも、中高の男子がいる世界も経験してみたいっていう気持ちはあるな。どういう風に、過ごしてるのか見てみたい。

B　妄想なんですけど、男の子と自転車2人で乗りたかったです。制服で2人で乗りたかった。そう考えたら共学もいいな。

E　私も学校的に満足してるかも。母校だから留学できたし、総合的には良かったと思う。けれど、恋愛面とかは共学の子と違いすぎちゃって……。行ってみたら楽しかった気もするけれど、12年も違う環境だと全く別の人間になったと思います。

# 6時間目　女子校生徒図鑑

# お嬢さん

**【特徴】**
・楽器が弾ける
・お菓子作りや編み物が趣味
・少女漫画がバイブルで、自分もいつかそんな恋愛ができると心の底で信じている

**【放課後の過ごし方】**
家のお手伝い、家庭科部、コーラス部、予備校、喫茶店でお茶

# ギャル

**【特徴】**
・流行の先端を行く
・早弁率が高い
・彼氏がいる確率が高いので、男女の関係に関してのみんなの先生的存在

**【放課後の過ごし方】**
放課後の教室でダベる、カラオケ、ゲームセンターにくり出す

# 真面目っ子

**【特徴】**
・制服にアイロンがきちんとかかっていて、丈も規定どおり
・映画が好き
・TOEIC の点数更新に燃える
・漢検は２級以上からが本番

**【放課後の過ごし方】**
先生のお手伝い、図書室、自習室、街の図書館、予備校で勉強

# 部活一筋

【特徴】
・年中色黒
・体育祭で幾つもの競技にノミネートされる
・休日も学校で練習＝年中学校
・巨大ペットボトルを持ち歩く

【放課後の過ごし方】
校庭、体育館、部室、テニスコートで部活に勤しむ

# ジャニオタ

**【特徴】**

・ジュニアのテレビ出演情報を共有しあう
・授業中に印刷しておいたドリーム小説を読んでうっとり
・にわかファンに厳しい
・好みが同じオタにも厳しい
・昼休みはぴあに電話

**【放課後の過ごし方】**

コンビニを巡ってコラボ商品を入手、100均でうちわの材料を入手

# アニオタ

**【特徴】**
・一人称が「ボク」か「俺」
・少女漫画よりジャンプ派
・荷物がやたらと多い
・深夜アニメのために夜更かし
・コミケ締め切りのために夜更かし

**【放課後の過ごし方】**
漫画研究部、美術部、文芸部、アニメートでグッズを入手

# 不思議ちゃん

**【特徴】**

・自称霊感少女が多い
・夢見がちで本当は寂しがり屋

**【放課後の過ごし方】**

軽音部、裏原宿のゴスロリショップ、ライブハウスなどにくり出す

# 7時間目　女子校の日常あるある

# 女子校のイベント

入学式あるある

**入学式は、体育館ではなく講堂で行われる。**

式典は体育館で行うもの、と思って向かった先にあったのは校内にある壇上付きの大ホール。初めて聞くパイプオルガンの音色にうっとり。

入学式あるある

**先輩たちが歌う優雅なメロディーの校歌に共学との違いを実感する。**

入学式あるある

**とりあえずグループが出来てしまう前に前後左右の人と仲良くなるように頑張る。**

一度出来てしまった女子のグループに入るのは大変！　グループが固定化される前に、一刻も早く友達づくりに励まなければなりません。

体育祭あるある

**「勝ったら奢ってね」と先生と半強制的に約束する。**

体育祭あるある

**日焼け止めが回ってくる。**

日傘をさして涼む強者も！

体育祭あるある

**大判タオルで日焼けを防止。みんなでてるてる坊主みたいになる。**

体育祭あるある

**髪型に気合を表してみる。**

体育祭あるある

**鉢巻の巻き方にもこだわる。**

リボン結びにする、普通におでこに巻く、首からぶら下げる、腕に巻く、体育祭が始まる前になくしている、など巻き方で個性を演出します。

体育祭あるある

**関係者以外入場禁止。撮影も厳禁。**

夏休みあるある

**夏期講習のために、休みなのに学校に通う。**

夏休みあるある

**夏期講習ついでに仲の良い先生の所に遊びに行き、「アイスおごって〜」とたかる。**

一夏の思い出あるある

**おとまり会をする。当然女子のみ。健全！**

夏休みの宿題あるある

**宿題はみんなで分担を決めて写し合う。**

英文を訳すものなどは格好の餌食。最初に訳した子のモノをちょっとずつ表現を変えて……。

文化祭あるある
**来るのは親と受験生ばかり。**

文化祭のライブあるある
**ビジュアル系バンドのコピーバンドが結成される。**

文化祭あるある
**男装コンテストが開催される。**

男装といえば「スーツ」か「学ラン」というイメージがあるせいか、みんな男子学生かホストに変身。体型を隠すためにダブダブの服を着てB−BOYに変身を遂げる子も。なかなかの出来栄えに、黄色い声が飛び交います。

ミッション系文化祭あるある
**シスターの手作りお菓子が一番人気。**

シスターが修道院で作るマル秘製法のお菓子は、どれも神がかりな美味しさ！　生徒も保護者もみんな楽しみにしています。

文化祭あるある
**出し物決めに真剣になりすぎて準備中に仲間割れ→泣く→仲直り→友情が深まる。**

ちなみに、順位発表でも再び号泣します。

試験あるある
**ノートを可愛くまとめることだけに情熱を燃やし、勉強する前に燃え尽きて成績がイマイチな子がいる。**

試験あるある

**テスト前になるとリポビタンDが教室に転がっている。**

試験あるある

**みんなでどれだけ勉強していないかを自慢しあうが、実はみんな真面目にやっているので、本当にやってないと裏切られた気分になる。**

修学旅行あるある

**漫画のようなトキメク出来事は起こらない。**

同じクラスの彼とコッソリ抜けだして……、隣のクラスのイケメンに突然告白されて……、ないないいないいないいない男子いない。

修学旅行の夜あるある

**「パジャマ持参」と書かれていると、学年にひとりはネグリジェの子がいる。**

修学旅行の夜あるある

**枕投げに本気になる。**

修学旅行の夜あるある

**先生が入って来たら分かるように仕掛けを作り、仕掛けに反応があるとささっと寝たふりをして巡回を切り抜ける。**

合唱コンクールあるある

**パート分けはソプラノ、メゾ、アルト。**

混声の場合はメゾは無いことが多いとか。

合唱コンクールあるある
**8割方の人は楽譜が読める。**

合唱コンクールあるある
**ピアノを弾ける人がクラスに何人もいるのでパート練習がはかどる。**

フルートやバイオリンが弾ける人も普通にいたりします。

ミッション系合唱コンクールあるある
**アルトパートだけで歌う聖歌は暗すぎる。**

合唱コンクールあるある
**折角ふざける男子がいない環境なのに、やる気が無い子が出てくる。**

合唱コンクールあるある
**やっぱり、優勝したら喜びの涙、負けたら悔し涙。**

一貫校の卒業式あるある
**ほとんどの人がそのまま高校や大学に進学するので、卒業式は全く感動もなければ悲しみもない。**

「仰げば尊し」も歌いません。

卒業式あるある
**「先輩のこと好きでした!」と女子から告白される。**

# 女子校の日常

授業あるある
**作法・マナーの授業でお茶を点てたりフルコースを食べに行ったりする。**

授業あるある
**体育の後は教室中が制汗剤の香りで満たされる。**

めいめい好みの制汗剤を使用するので、石鹸、フラワー、シトラスと匂いが混じってもはや悪臭。心なし教室の空気が白い気がすることも。

授業あるある
**先生の雑談を引き延ばして授業の時間を短縮させる。**

授業あるある
**家庭科の授業が多い。**

調理実習は楽しいけれど、問題は裁縫と編み物。提出日がどんどん迫ってくる中、持ち帰っても終わらない悲しさ……。

授業あるある
**椅子の上にあぐらをかいて授業を受ける。**

授業あるある
**授業中にカラーペンでノートをデコる。**

授業あるある
**授業中に涎をたらして爆睡。しょうがないので、涎受け用のタオルを持参する。**

授業あるある
**プールの後は髪はぬれたまま、肩にタオルをかけて授業を受ける。**

休み時間あるある
**編み物をする。**
あげる相手はいないので自分用ですが、何か?

休み時間の過ごし方あるある
**小顔ローラーで顔をマッサージする。**

休み時間あるある
**隣のクラスの子が常勤している。**
何故か他のクラスの子がいつも教室にいて、「あれ、この子隣のクラスだったんだ」と式典などで初めて気がつくほど。

休み時間あるある
**自分が男性だったら誰と付き合いたいか談義。**
もしも自分が男だったら、クラスメイトの誰と付き合いたいか、結婚するなら誰がいいかを、特に意味もなく真剣に話し合います。

休み時間あるある
**UNO、トランプ、花札とカードゲーム大会。**

休み時間あるある
**早弁をする。**

休み時間あるある
**髪の毛がいつの間にかポニーテールにされている。**

休み時間あるある
**髪の毛がいつの間にかお団子にされている。**

休み時間あるある
**髪の毛がいつの間にか細かい三つ編みでドレッドヘアみたいにされている。**

放課後にはコテで髪を巻いてくれる、臨時美容師的人物も現われます。

登下校あるある
**遠い子は片道2時間近くかけて通ってくる。**

私学は公立のように学区があるわけではないので、通学範囲が広くみんな地元がバラバラ。そのため成人式はちょっと寂しい思いをしたり。

教室あるある
**スチームの上で靴下を干して乾かす。**

教室あるある
**制服も干されている。**

教室あるある
**ジャージも干されている。**

教室あるある
**香水が交じり合い、教室が臭イイ匂い。**

机あるある
**ナプキンが机に放置されていても誰も気にしない。**

ロッカーあるある
**空きロッカーは漫画棚。**

ロッカーあるある
**誰かの体操着がロッカーでカビている。**

設備あるある
**ピアノを練習する人のための個室がある。**

設備あるある
**教室は毎日掃除するのになぜか汚い。**

ジャージが落ちていたり、体育館シューズが落ちていたり、教科書が落ちていたり、タイツや靴下が忘れられていたり、とにかく床に何かが落ちています。

設備あるある
**ゴミを捨てにいかないので、ゴミ箱から溢れて溜まっていく一方。**

設備あるある
**茶道部やマナーの授業で使用する和室「作法室」（礼法室）がある。**

授業で礼法の許状が取れる学校もあるとか。

設備あるある

**食堂がある。**

人気メニューはラーメンや唐揚げ、カツ丼など。そして、ご飯を食べ終えたら購買部でアイスやお菓子を物色して教室に帰るのが定番コース。女子校生は色気より食い気!?

設備あるある

**プールは屋内温水プール。**

設備あるある

**「変質者出没注意」の看板が立っている。**

校則あるある

**ピアスを開けていないか検査がある。**

校則あるある

**メイク禁止。染髪、パーマ禁止。ゴムとピンの色は黒・紺・茶。それ以外は認めません。**

校則あるある

**携帯電話は許可制で、学校についたら先生に預ける。**

校則あるある

**男女交際は厳禁。**

親・兄弟といえども、男性と並んで歩いてはいけない、異性と手をつないでいたら停学、という学校も。

制服あるある
**冬は黒タイツで防寒。**

制服あるある
**夏は三つ折白靴下。**

制服あるある
**ソックタッチは必需品。**

一貫校制服あるある
**中学と高校の制服は、リボンやエンブレムの色が変わるだけなので新鮮味がない。**

先生の発言あるある
**新任の男性教師に「夢が壊れた」と言われる。**

先生の発言あるある
**「あなた方は女性なんですよ」と先生に怒られる。**

誤解あるある
**挨拶が「ごきげんよう」とは限らない。**

誤解あるある
**激しいいじめや陰湿な行為は無いが、女子同士での友情をめぐる嫉妬は存在する。**

クラス替えでグループが変わり、今までベッタリだった友人に違う友達ができて遊んでくれなくなることに嫉妬する、というのはよくある話かもしれません。

流行あるある
**スカートめくりが流行る。**

流行あるある
**校内で全力鬼ごっこ、が流行る。**

流行あるある
**『あさきゆめみし』が流行る。**

願望あるある
**高校では「天使なんかじゃない」みたいな生活になると夢みるがやっぱりならない。**

見た目はちょいワルだけど、実は優しい彼とハプニングから恋に落ち、恋に友情にと高校生活を満喫！　って、そもそも出会いがないのです。

日常あるある
**購買部のお弁当・プリンは争奪戦。**

日常あるある
**生理痛の話が気軽にできる。**

日常あるある
**みんなで変顔を競いあう。**

日常あるある
**処理したムダ毛が放置されている。**

日常あるある
**教室に虫が迷い込んでくると、阿鼻叫喚で授業が一時中断。**

掃除あるある
**掃除専用のエプロンがある。**

放課後あるある
**教室で話し込んでいたら、いつの間にか日が暮れている。**

放課後あるある
**制服姿で買い食いなどをしているとOGや近所の人に学校に通報される。**

文化部あるある
**演劇部は宝塚。**

男子がいないため、男役は男装をした女子が行います。

文化部あるある
**演劇部の男役はモテモテ。**

文化部あるある
**ボランティア部がある。**

文化部あるある
**軽音部のドラムの子はスカートのままドラムを叩いてパンチラしている。**

体育会系部活あるある
**部活がある子は体育の後にジャージのまま授業を受け、一刻も早く部活に出ようと画策する。**

体育会系部活あるある
**合宿中、一度は気まずい雰囲気になる。**

体育会系部活あるある
**他校に行った時も、廊下などで着替えはじめてしまう。**

いつもそこら辺で着替えをしているので、とっさに男の人がいる環境に適応できません。シャツが透けて下着が見えると指摘され、恥をかいたという話も。

体育会系部活あるある
**ショートの子の髪の毛がどんどん短くなっていく。**

部活あるある
**大会で他の女子校と仲良くなる。**

部活あるある
**セレ部を結成する人たちがいる。**

お金持ちを目指す、というよりは美容研究会。ただし、実際に活動が行われているのか形だけなのか、実態は不明です。

習慣あるある
**気がついたら大股を広げて座っている。**

習慣あるある
**生理用品を剥き出しのままトイレに持って行く。**

習慣あるある

**女子しかいないので、リーダーも委員長も班長も全て女子が行う。**

人数がそこまで多くない学校の場合は、一度は必ず○○長が回ってきます。

習慣あるある

**教室を移動する時は団体行動。**

習慣あるある

**ティッシュが無い時はトイレのトイレットペーパーを拝借してくる。**

習慣あるある

**お腹を掻きながら歩く。**

習慣あるある

**ついついスカートに手を突っ込んでYシャツを直してしまう。**

駅などでやってしまうと「しまった!」と思いますが時既に遅し……。

習慣あるある

**窓から出入りをして先生に怒られる。**

習慣あるある

**ロッカーにエロ雑誌を隠し持っていて、みんなで回し読みする。**

習慣あるある

**冬の脇毛は剃らない。**

# 女子校の人々

人間模様あるある

**派閥争いはあるが、それに無関係すぎてぼーっとしている人も多数。**

人間模様あるある

**クラスにひとりは幽霊が見えると言う子がいる。**

人間模様あるある

**女子同士で腕を組むことに違和感はない。**

人間模様あるある

**ぶりっ子がいない。**

可愛く見せる必要がある相手がいないので、みんな素120％で生活しています。

人間模様あるある

**超個性的な子がいても、いじめには発展しない。**

性質あるある

**男子に夢をみている。**

性質あるある

**「笑わせてやろう」というサービス精神を過剰に発揮する。**

性質あるある
**つまらないことによく笑う。**

性質あるある
**笑う時は手を叩きながら大爆笑。**

性質あるある
**道を歩いていて目が行くのは「カッコいい人」より「可愛い人」。**

可愛い人、きれいな人が大好きで、街を歩くときも目に飛び込んでくるのは男性の顔ではなく女性の顔です。

性質あるある
**くしゃみは「へっくしゅ!!　あーっっ」。**

性質あるある
**「女子の集団って陰湿そう」と言われると、「共学の方が男関係とかドロドロしてそうなのに」と思う。**

性質あるある
**女さばきがうまくなる。**

性質あるある
**女子には甘えるが男子には甘えられない。**

性質あるある
**「あぶらとり紙使う?」「ありがとー!」**
**→その場で顔のあぶら取り大会。**

性質あるある
**みんなのんびりしている。**

性質あるある
**お嬢様は案外庶民的。**

性質あるある
**プリクラでトンデモない顔をする。**

性質あるある
**筆箱が色ペンでパンパンになっている。**

性質あるある
**人前で大あくびをしても平気。**

性質あるある
**生理が来たことに気づかずにスカートが汚れてしまっている子がいる。**

そんなハプニングがあっても、からかう男子はいないですし、先輩やクラスメイトがさっとフォローしてくれるので安心！

性質あるある
**三度の飯よりシモネタが好き。**

性質あるある
**着替える時は下着を隠したりせず「ガバッ」と脱ぐ。**

下着のまま廊下に出て行ってしまう人も。カーテン閉めてる意味なし！

性質あるある

**おっさん食が好きで、サラミやスルメイカ、納豆を、平気で教室で食べる。**

性質あるある

**油断しているとブラのホックを外される。**

シャツ越しにホックを外すという高等テクニックを持った子がおり、みんながキャーキャー逃げ惑うのを楽しそうに追っかけてきます。

性質あるある

**胸が大きい子は「触ってイイ?」と聞かれる。**

なんだか自分も大きくなれるような気がして触らせてもらうのですが、残念ながらあまりご利益があったという話は聞きません。

性質あるある

**小学生男子のように「う●こ」と騒ぐ。**

性質あるある

**痴漢の被害者が多い。**

性質あるある

**なんだかんだ言って根はみんな真面目。**

性質あるある

**友達同士で変なアダ名をつけあう。**

性質あるある

**買ってきたお菓子は分け合う。**

一貫校の人間模様あるある

**外部生は賢い。**

一貫校の人間模様あるある

**学年中が知り合い。**

一貫校の場合、短くて中高6年、最長で小中高大の16年間を同じメンバーで過ごすので、大抵の人が一度は同じクラスになったことがあります。

思考あるある

**学園ドラマや少女漫画を読んでいると、「青春って……？」と現状に疑問を感じる。**

思考あるある

**男子より女子にモテたい。**

思考あるある

**女の子には抱きついても許されると思っている。**

共学の友人に「近い近い」と言われて初めて、自分たちの距離感がどうも一般には通用しないらしい、ということに気が付きます。

思考あるある

**「出会いがない」と口では言っているけれど、それなりに毎日が馬鹿騒ぎで充実しているので、そこまで深刻に考えてはいない。**

青春の甘酸っぱい恋も（二次元、ジャニーズ、先輩、電車の中で会う彼）、かけがえのない友情も、全力で打ち込める部活や趣味もあるので、実はそこまで飢えてはいないのです、多分。

思考あるある

**ドラマや漫画で女子校が取り上げられていると突っ込みたくなる。**

世間の描く女子校像が美しすぎて、なんだかムズ痒くなってくるので見ていられません。そんな若くてキレイなシスターいないでしょ！

思考あるある

**男の子に優しくされると「この人私のこと好きなのかしら……?」と思う。**

思考あるある

**時々、今後一生彼氏が出来なくて、結婚もできないいんじゃないかと不安になる。**

話題あるある

**永久脱毛の話題で盛りあがる。**

家族あるある

**お母さんが卒業生。**

家族あるある

**お姉ちゃんも卒業生。**

後から妹が入学してきた、ということも多いです。中1だった友人の妹が中3になったと聞くと「こんなに大きくなって」とオカン気分に。

オタクあるある

**ジャンプを回し読みする。**

オタクあるある

**長野まゆみが図書室に大量に並んでいる。**

オタクあるある

**やおいにハマる。**

オタクあるある

**廊下で同人誌を読んでいる人がいる。**

校内でBL系のマンガが堂々と貸し借りされていたり、みんなでコミケに行ったり、男子の目を気にしない生活は自由奔放すぎです。

オタクあるある

**男の先生同士をホモカップルだと噂する。**

ジャニオタあるある

**教室でライブ用のうちわをデコる。**

ジャニオタあるある

**夏はデコったうちわで仰ぐ。**

オタクあるある

**ゴスロリに目覚める。**

オタクあるある

**ドリーム小説が流行る。**

※ドリーム小説…自分の名前を入力すると、小説の主人公の名前が自分の名前になり、相手役のキャラクターと自分が恋愛関係にあるように妄想することができる小説。夢小説とも書く。

恋愛事情あるある

**合コンはほとんど無い。**

制服が可愛いところは美容に力を入れている子も集まりやすく、合コンに指名されたり、ナンパされることも多いので例外です。

恋愛事情あるある

**女子校だからと言って他校からモテることはない。**

制服が可愛いところは美容に力を入れている子も集まりやすく（以下略）。

恋愛事情あるある

**アルバイト禁止なのでバイト先での出会いにも期待できない。**

恋愛事情あるある

**男性を特別視してしまい、どう反応すればいいのか分からなくなってしまう。**

恋愛事情あるある

**一目惚れが多い。**

恋愛事情あるある

**近隣の男子校と交流がある学校の子はそこで彼氏を調達する。**

共学の人は身近に異性がいるためか、あまり交流が生まれません。

恋愛事情あるある

**塾で目があった男子を好きになる。**

恋愛事情あるある

**折角の合コンなのに、いつの間にか女子同士で盛り上がってしまう。**

男子とは何を話していいのかよく分からないので、隣の席の女の子と話しているうちに意気投合。女子のメアドだけゲットして帰ることも。

恋愛事情あるある

**一度は二次元またはテレビの中の人に恋をする。**

恋愛事情あるある

**外部に彼氏がいる少人数を除いては片思いすらしていない。（二次元等を除く）**

恋愛事情あるある

**男を恋愛対象か対象外かでしか見られない。**

禁断の恋あるある

**レズカップルと噂される人たちがいる。**

先生あるある

**先生は駅や辻に立ち、抜き打ちで制服チェックをしている。**

先生あるある

**先生とマンガの貸し借りをする。**

先生あるある

**えこひいきが激しい先生がいる。**

先生あるある
**人気の変動が激しく、若い男性教師はチヤホヤされるが、調子に乗ると翌日から干される。**

先生あるある
**人気のある先生は誕生日をマジで祝ってもらえる。**

先生あるある
**近隣のラブホテルを巡回検閲している。**

先生あるある
**先生は元卒業生。**

先生あるある
**一度嫌われた先生はとことん嫌われ、挽回はほぼ不可能。**

やる気のない授業をしていたり、教え方や字が下手な先生は嫌われます。一度嫌われてしまうと、授業を聞いてもらえないのはもちろん、わざと聞こえるように悪口を言われたり、細々としたいじめを受けるという生き地獄に……。

先生あるある
**外部からきた教育実習の先生が、生徒のあまりの野生児ぶりに驚いて登校拒否になる。**

人間関係あるある
**一生の友人ができる。**

# 番外編

ミッション系女子校あるある

**実際のキリスト教徒はほとんどいない。**

ミッション系女子校あるある

**ミサの時に同級生が洗礼を受けていたことを知って驚く。**

ミサでは、洗礼を受けている人だけが前に出て、神父さんからパンを受け取ります。生徒の大部分は洗礼を受けていないためぼーっと見ています。

ミッション系女子校あるある

**海外に進出する人が多い。**

ミッション系女子校あるある

**クリスマスのキャンドルサービスは幻想的。**

仏教系女子校あるある

**授業の始まりは「起立、合掌、着席」。**

仏教系女子校あるある

**入学当初、スピーカーから般若心経が流れてきてビビる。**

仏教系女子校あるある

**校門で一礼。**

卒業後あるある大学時代編

**もう「女子ばっかりは無理！」と言って9割は共学に進学する。**

卒業後あるある大学時代編

**友人同士のプラトニッククラブは卒業と同時に「なかったこと」になる。**

あんなに校内で「愛してる」と騒いでいたくせに、共学に進学した途端にお互いに彼氏ができ、それまでの「愛」はなかったことに……。

卒業後あるある大学時代編

**「委員長は男子、副委員長は女子」に納得がいかない。**

名簿が男子から始まるのにも違和感が。

卒業後あるある大学時代編

**女子扱いされることにちょっと慣れない。**

卒業後あるある大学時代編

**卒業アルバムを他校出身の友人に見せると「女子ばっかりだね」と言われて盛り上がらない。**

卒業後あるある大学時代編

**卒業後に会っても黒歴史にはお互い触れないのが暗黙の了解。**

卒業後あるある大学時代編

**可愛くて性格がいい子ほど、なぜか卒業後彼氏ができない。**

卒業後あるある大学時代編

**女子校出身と言うと「お嬢様なんだね」と言われる。**

残念ながら、9割はおっさんです。可愛い子が好きで、可愛い子に触るのが好きで、ギャグが好きで、シモネタも好きです。

卒業後あるある大学時代編

**女子校出身の人に会うと親近感が湧く。**

女子大あるある

**講義中に前夜の合コンの反省会。**

女子大あるある

**男子がいないと平和だと驚く。**

女子大あるある

**食堂や教室でメイク。**

女子大あるある

**「教授の愛人」と噂される人がいる。**

色っぽくて教授の部屋にばかりいる、秘密めいた雰囲気の女子大生が存在するのです。

女子大あるある

**学園内に男性がいるとザワつく。**

「きゃー、男子がいる♥」ではなく、「はっ、なんでここにいんの!?」という空気が流れます。

女子大あるある

**やっぱりおじいちゃん先生が人気。**

女子大あるある

**ノリが高校とあまり変わらない。**

結婚あるある

**一回り年上の人と結婚する同級生が多い。**

先生に憧れた延長なのか、同年代の男性が想像よりも子供に見えてしまうせいか、年上とお付き合いする子が多いです。

卒業後あるある社会人編

**気を使うのが苦手で、色仕掛けではのし上がれない。**

女性であることに差別を受けずに暮らしてきた代わりに、女を武器にする術も身につけずに成長するため、可愛げのない女と思われがちです。

卒業後あるある社会人編

**「オンナのくせに」と言う男性が未だに実在することを知り驚く。**

卒業後あるある社会人編

**容姿差別を受けたことがないので、容姿で扱いが変わる社会にショックを受ける。**

卒業後あるある社会人編

**同級生同士で集まると、女子会のはずなのにオヤジ会。**

お酒は日本酒とビールと焼酎、つまみは煮込みにお漬物、焼き魚、乾き物。今更気取っても仕方ない仲ですし。

母校あるある

**現役時代は制服がダサくて嫌だったけれど、いざ母校の制服が変わるとなると寂しい気持ちに襲われる。**

卒業してしばらく経つと、あの制服は実はレトロで可愛かったのでは？　と思えてくる不思議。

母校あるある

**現役時代は男子がいなくて嫌だったけれど、いざ母校が共学になると寂しい。**

母校あるある

**母校の厳しかった校則が緩くなったと聞くと寂しい。**

ミッション系女子校出身者あるある

**友人の結婚式で流れてきた聖歌が歌える。**

恋愛あるある

**「女子校出身だから」と言い訳する。**

その後あるある

**「マナー・作法」の授業で習ったことは意外に役に立っている気がする。**

将来あるある

**「子どもが女の子だったら女子校にいれたいな」と心のどこかで思っている。**

濃厚で楽しかった思い出がたくさん！　いつかは我が子にも体験させてあげたい気もします。

［編］女子校あるある研究会
女子校時代を懐かしむ女子校出身者からなる会。女子校の思い出話を肴に美味しいお酒を飲むことを主な活動目的とする。

［漫画］ろくでなし子
漫画家。女性器アート「デコまん」を編み出しメディアでも話題に。
著書『デコまん～アソコ整形漫画家が奇妙なアートを作った理由～』（ぶんか社刊）。

【素材提供】
http://www.vectorian.net/collections/free-vintage-vectors/products/85-vintage-vector-ornaments

# 女子校《じょしこう》あるある

平成25年4月2日 第1刷

編　者　女子校あるある研究会
漫　画　ろくでなし子
発行人　山田有司
発行所　株式会社　彩図社
〒170-0005
東京都豊島区南大塚3-24-4
MTビル
TEL:03-5985-8213　FAX:03-5985-8224
http://www.saiz.co.jp
http://saiz.co.jp/k（モバイルサイト）→
郵便振替　00100-9-722068

印刷所　新灯印刷株式会社

　ISBN978-4-88392-915-3 C0076